Nini Meyenschein

Mein Papa

mein bester Freund

für immer und ewig ein Team

Ein Kinderbuch über die Liebe und
tiefe Verbundenheit zwischen Vater und Kind.

Dieses Buch gehört:

Mit Papa an meiner Seite fühle ich mich sicher
und geborgen.
Das wird für immer so bleiben – heute
und in allen kommenden Tagen.

Er nimmt mich an die Hand, und wir gehen
gemeinsam durchs Leben.
Für immer und ewig wird es uns beide geben.

Egal wohin wir gehen, ich weiß, dass mein Papa
immer für mich da sein wird.

Mein Papa erzählt mir die schönsten Geschichten. Sie handeln von Abenteuern und zauberhaften Orten.

Seine Worte füllen meine Fantasie mit Farben und Bildern. Ich lausche ihm stundenlang zu und fühle mich glücklich und geborgen.

Seine Geschichten sind nicht nur spannend, sie lehren mich auch wertvolle Lektionen über das Leben.

Wir entdecken zusammen die Wunder der Natur. Jeder Ausflug versetzt uns in Freude und Staunen.

Wir wandern durch Wälder, beobachten Tiere und pflücken Blumen. Mit Papa an meiner Seite wird jeder Tag zu einem Abenteuer.

Er zeigt mir, wie man Spuren liest und die verschiedenen Vogelstimmen erkennt.

Wenn ich traurig bin und weine, ist mein Papa da. Er nimmt mich in den Arm und sagt: „Es wird alles wieder gut, mein Schatz."

Seine Worte trösten mich, und ich fühle mich wieder stark und mutig.

Er zeigt mir, dass es in Ordnung ist, Gefühle zu haben und sie auszudrücken.

Wir basteln und malen zusammen. Papa zeigt mir, wie man aus einfachen Dingen etwas Besonderes machen kann.

Er ermutigt mich, kreativ zu sein und meine eigenen Ideen umzusetzen. Mit ihm macht alles doppelt so viel Spaß.

Wir haben schon viele Projekte gemeinsam abgeschlossen, von kleinen Kunstwerken bis hin zu großen Bauten aus Lego und anderen Bausteinen.

Wenn etwas kaputt geht, holt mein Papa seinen Werkzeugkasten. Gemeinsam reparieren wir alles, was repariert werden muss.

Er zeigt mir, wie man Schrauben und Nägel benutzt, und ich lerne, dass man Dinge nicht gleich wegwerfen muss.

Es ist faszinierend, wie geschickt er mit Werkzeugen umgehen kann, und ich bin stolz, von ihm zu lernen.

Wir quatschen und lachen über die lustigsten Dinge. Mein Papa kennt die besten Witze und Geschichten.

Mit ihm vergeht die Zeit wie im Flug. Jede Minute mit ihm ist voller Freude und Lachen.

Unsere gemeinsamen Lachanfälle sind unvergesslich, und ich weiß, dass er immer einen Weg findet, mich aufzuheitern.

Ob Tennis, Fußball oder ein anderes Spiel, mein Papa ist immer dabei. Er feuert mich an und jubelt laut, wenn ich gewinne.

Er ist mein größter Fan, und ich bin stolz, ihn als Papa zu haben.

Seine Unterstützung gibt mir das Selbstvertrauen, mein Bestes zu geben, und ich weiß, dass er immer an meiner Seite steht.

6

Wenn ich mal zweifle und mich etwas nicht traue,
ist mein Papa da. Er sagt:
„Du kannst das, ich glaube an dich. Geh deinen
Weg, und ich werde dich unterstützen."

Seine Ermutigung gibt mir die Kraft,
Neues auszuprobieren.

Egal, wie groß die Herausforderung ist,
mit Papa an meiner Seite fühle ich mich
stark und fähig.

Beim Lernen neuer Dinge, sei es Schwimmen oder Radfahren, steht mein Papa mir zur Seite.

Er ermutigt mich und gibt mir das Gefühl, alles schaffen zu können. Mit ihm ist jede Herausforderung ein Abenteuer.

Wir üben zusammen, und er zeigt mir geduldig die richtigen Techniken, bis ich sie meistere.

Wenn ich hinfalle, hilft mein Papa mir auf. Er gibt mir seine Hand und zieht mich wieder hoch.

Er tröstet mich, und der Schmerz vergeht schnell. Seine Umarmung gibt mir das Gefühl von Geborgenheit und Wärme.

Seine Nähe und sein Trost lassen mich die Welt wieder als einen sicheren Ort erleben.

LO

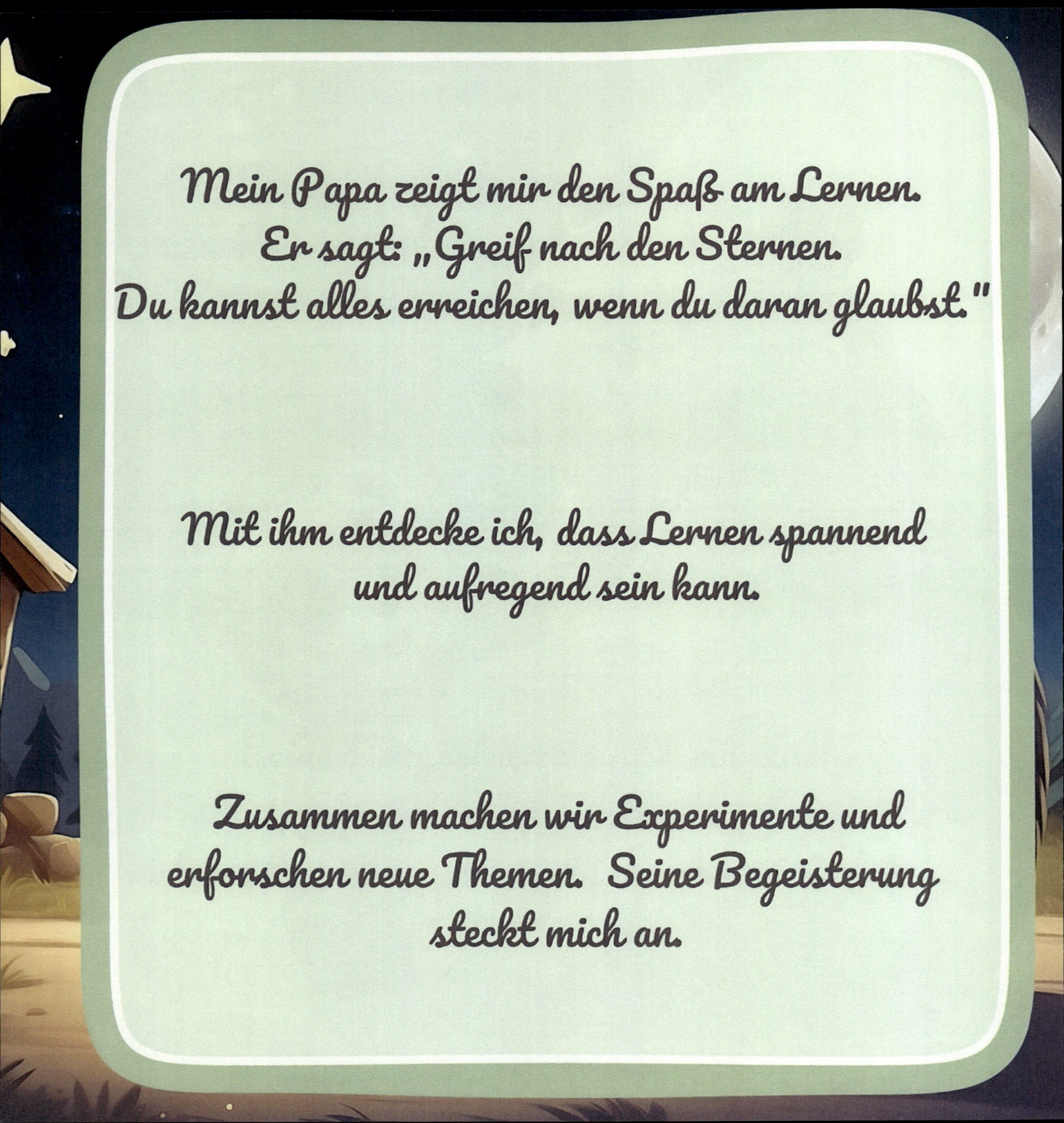

Mein Papa zeigt mir den Spaß am Lernen.
Er sagt: „Greif nach den Sternen.
Du kannst alles erreichen, wenn du daran glaubst."

Mit ihm entdecke ich, dass Lernen spannend
und aufregend sein kann.

Zusammen machen wir Experimente und
erforschen neue Themen. Seine Begeisterung
steckt mich an.

Manchmal verliere ich den Mut und zweifle an mir. Mein Papa sagt dann: „Herausforderungen kommen und gehen. Du schaffst das, das wirst du schon sehen."

Seine Worte geben mir die Zuversicht weiterzumachen.

Er erinnert mich daran, dass Rückschläge Teil des Lebens sind und dass ich immer wieder aufstehen kann.

Mein Papa hat immer ein offenes Ohr für mich. Egal, was ich ihm erzähle, er hört aufmerksam zu.

Er beantwortet meine Fragen und erklärt mir die Welt. Mit ihm an meiner Seite lerne ich jeden Tag etwas Neues.

Seine Geduld und sein Wissen inspirieren mich, neugierig zu bleiben und immer mehr zu lernen.

Meinem Papa kann ich voll und ganz vertrauen. Unsere Liebe ist so stark, dass sie alles überdauert.

Er ist mein Held, mein bester Freund, und ich weiß, dass er immer für mich da ist.

Seine Weisheit und sein Rat geben mir die Sicherheit, die ich brauche, um meinen eigenen Weg zu gehen.

Egal wie beschäftigt er ist, mein Papa nimmt sich immer Zeit für mich. Wir teilen unsere Träume und Geheimnisse.

Seine Liebe und Unterstützung geben mir die Kraft, alles zu schaffen.

Ich weiß, dass ich ihm alles anvertrauen kann und dass er immer hinter mir stehen wird, egal was passiert.

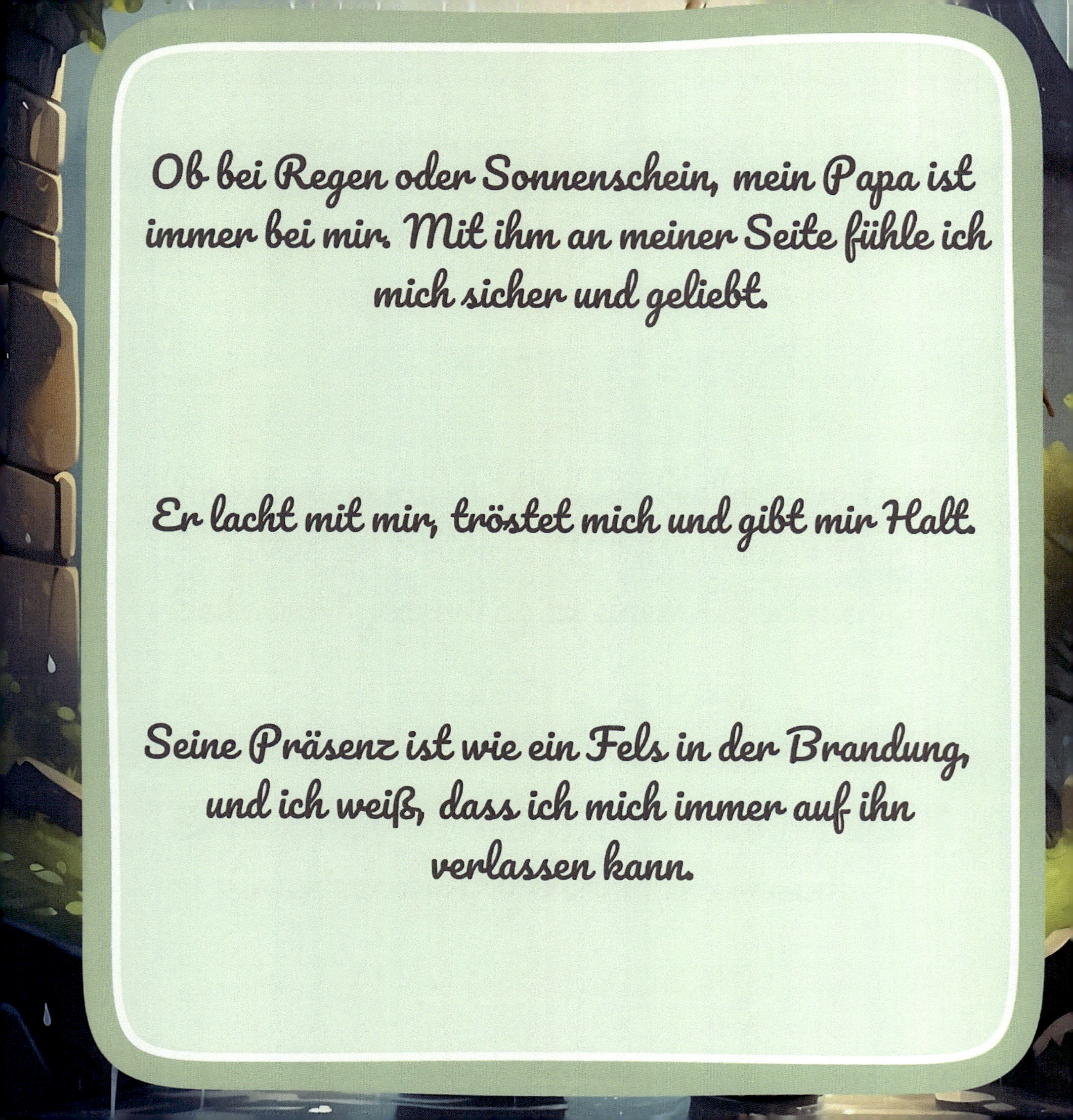

Ob bei Regen oder Sonnenschein, mein Papa ist immer bei mir. Mit ihm an meiner Seite fühle ich mich sicher und geliebt.

Er lacht mit mir, tröstet mich und gibt mir Halt.

Seine Präsenz ist wie ein Fels in der Brandung, und ich weiß, dass ich mich immer auf ihn verlassen kann.

Auch wenn ich mal alleine bin, weiß ich, dass mein Papa immer in meinem Herzen ist. Seine Worte und seine Liebe begleiten mich überall hin.

Sie geben mir Mut und Zuversicht.

Selbst wenn wir getrennt sind, fühle ich seine Nähe und seine Unterstützung, und das gibt mir Kraft.

Unsere Geschichte wird immer weitergehen.
Wir werden uns immer gut verstehen.

Mein Papa, mein Held und bester Freund, für immer und ewig - wir sind ein unschlagbares Team.

Egal wohin das Leben uns führt, unsere Bindung wird niemals brechen, das weiß ich ganz genau.
Auf ihn kann ich immer zählen.

ÜBER DIE AUTORIN

Nini möchte mit ihren Kinderbüchern die Herzen der kleinen Leserinnen und Leser erobern. Ihre Geschichten sollen Kindern vermitteln, dass sie einzigartig sind und die Welt mit ihrer Fantasie und Kreativität bereichern können.

Doch Nini ist nicht nur eine Autorin, sondern auch eine liebevolle und einfühlsame Mutter. Sie lebt mit ihrem Sohn auf der Insel Zypern, wo sie die Schönheit und Ruhe der Insel in ihre Werke einfließen lässt. Ihre eigenen Erfahrungen als Mutter prägen ihre Geschichten und ermöglichen es ihr, auf eine besondere Weise mit den jungen Leserinnen und Lesern in Verbindung zu treten. Nini versteht es, die Magie des Vorlesens in jede ihrer Geschichten zu weben und eine Atmosphäre zu schaffen, die Kinder verzaubert. Ihre Erzählungen strahlen Wärme und Geborgenheit aus, die das Herz berühren und die Fantasie anregen.

Alles Liebe!

nini.meyenschein_autorin

Impressum

Erstausgabe 2024

Herausgeber:
FITLANE LTD, 1st April 47, 3117 Limassol , Zypern
HE409833
Email: nini@fitlane.net

Autorin: Nini Meyenschein
1 Auflage
Covergestaltung und Satz: Dirk Meyenschein
Bildmaterial und Illustrationen: Dirk Meyenschein
Korrektorat: Anette Meyer

Verantwortlich für den Druck: Amazon Distribution GmbH, Leipzig

Printed in Poland
by Amazon Fulfillment
Poland Sp. z o.o., Wrocław

41159623R00025